SUPERADOLESCENTE

Eres lo que comes

Nota: Las direcciones de las páginas web que
aparecen en este libro han sido revisadas y
actualizadas. Editorial Everest no se responsabiliza
de las modificaciones que se pudieran producir
con posterioridad.

Dirección Editorial: Raquel López Varela
Coordinación Editorial: Ana María García Alonso
Investigación: Ellie Henderson
              Naomi Anderson
Asesoramiento: Helen Greathead
Diseño: Simon Webb
Ilustraciones: Rupert van Wyk y Lyn Gray
               (Graham Cameron Agency)
Editor fotográfico: Julia Harris-Voss
Maquetación: Susana Diez González
Título original: *You are what you eat*
Traductor: Marisa Luisa Rodríguez
Revisión de contenidos: Alberto Jiménez Rioja

Copyright © 2007 Diverta Publishing Ltd.
All rights reserved.
© EDITORIAL EVEREST, S. A.
Carretera León-La Coruña, km 5 - LEÓN
ISBN: 978-84-441-4514-3
Depósito legal: LE. 879-2010
Printed in Spain - Impreso en España
EDITORIAL EVERGRÁFICAS, S. L.
Carretera León-La Coruña, km 5
LEÓN (España)
Atención al cliente: 902 123 400
www.everest.es

Eres lo que comes

Comida = TÚ

FELICIA LAW y otros autores

ilustrado por **Rupert van Wyk** y **Lyn Gray**

everest

Contenidos

Eres lo que comes

¡COME y vive!

Sí, es cierto: ¡eres lo que comes! Todo lo que ingieres afecta al modo en que tu cuerpo funciona y siente, además de a su aspecto. Todos necesitamos los mismos ingredientes básicos de los alimentos, llamados nutrientes, pero el cuerpo cambia en distintos momentos. Y durante la pubertad lo hace tan deprisa que tienes necesidades especiales.

FRUTOS SILVESTRES

Algunas personas dicen que nuestros cuerpos no son capaces de digerir los alimentos modernos: son la causa de muchas enfermedades que los hombres de las cavernas no padecían y deberíamos consumir como nuestros antepasados. La mayoría de los cavernícolas vivieron hace más de 12 000 años, pero es probable que consumieran gran variedad de alimentos.

Los animales que cazaban no eran grasos y los cavernícolas se los comían enteros, vísceras, médula ósea, lengua y ojos incluidos. Había peces de agua dulce. En temporada, las frutas y bayas eran abundantes, y estas contenían mucho menos azúcar que las actuales. También comían semillas. Los frutos secos eran una excelente fuente de proteína y grasa. En algunos lugares crecían raíces, como batatas y boniatos, y había verduras como zanahorias, nabos, chirivías y colinabos. En ocasiones era fácil obtener huevos; los cavernícolas más valientes incluso hasta se atrevían a explorar panales de miel.

Todo depende de ti

Dependiendo de los alimentos que elijas, puedes sentirte genial, con mucha energía, o acabar sintiéndote débil y enfermo, aplastado por todas las cosas malas que has ingerido. ¡Es así de sencillo! Tu dieta afecta a tus niveles de energía… ¡y también a tu aspecto! Si eliges bien lo que comes, comprobarás los resultados en piel, ojos y pelo, que estarán sanos y brillantes. Sigue una dieta con alimentos y bebidas nada sanos, y acabarás con la piel desmejorada y el pelo apagado.

Tu salud

Si tu dieta carece de determinados nutrientes o consumes en exceso un tipo de comida concreto, en seguida comenzarás a notar la diferencia. Tal vez te falte energía o te sientas nervioso y tenso. Quizá comiences a engordar o a observar que tu pelo está seco y tu piel no está tan tersa y luminosa. Todos estos son síntomas claros de una dieta pobre. Y los malos hábitos alimentarios no solo producen efectos a corto plazo, sino que a veces causan graves problemas de salud en el futuro.

Llevar una dieta sana marca la diferencia. Así pues, si quieres sentirte bien y lucir buen aspecto –y tener mucha energía para hacer las cosas que deseas– debes echar un buen vistazo a lo que comes.

Lo que Sí comes...

Durante la mayor parte de tu vida –hasta ahora– te han dicho lo que debes y no debes comer. Con frecuencia la comida ha estado ahí, sobre la mesa. Tus padres habrán hecho lo mejor para inculcarte buenos hábitos, limitando los snacks y haciéndote comer verdura, pero ahora estás en edad de ser tú quien eliges.

... y lo que NO

No todo lo que te metes en la boca es bueno para ti. Ciertas comidas y bebidas están repletas de grasas o azúcares que pueden resultar perjudiciales. Los alimentos procesados pueden contener sustancias químicas que podrían dañar tu salud y afectar a tu humor. Si decides comerlas, es tu problema. Pero deberías tomar una decisión INFORMADA; es decir, saber lo que metes en tu estómago y lo que te hará.

Cuando comes...

El momento del día y la regularidad de tus comidas también son importantes para tu salud, ya que los alimentos actúan de distinta forma en tu sistema dependiendo de cuándo los comes.

y... ¡CÓMO!

Comer a toda prisa, engullir, picar entre horas, comer en exceso: si sumas esto a tus malas decisiones, te estarás creando un auténtico problema. ¿Y por qué? Comer es uno de los grandes placeres de la vida, ¿o no te habías dado cuenta?

Tu aspecto

Los médicos pueden conocer el estado de tu salud examinándote las uñas, observando un solo pelo al microscopio o mirándote el blanco de los ojos. También pueden hacerlo analizando tu orina o una muestra de sangre. Pero casi cualquier enfermedad que encuentren se habrá visto influida por la dieta.

Es fácil reconocer a una persona sana: tiene brillo y lustre, energía y confianza, vive la vida al máximo.

Necesidades de nutrientes

Para funcionar bien, tu cuerpo necesita toda una gama de nutrientes. Aprenderás mucho sobre ellos en las siguientes páginas: conseguir el equilibrio nutricional te hará sentir bien y tener buen aspecto, además de ayudarte a controlar el estrés. También te protege contra muchas enfermedades.

¡Toma el mando!

Este libro te ayudará a comprender mejor lo que comes y lo que la comida hace en tu cuerpo. Contiene consejos sobre alergias y dietas, así como pautas sobre alimentación sana para vegetarianos. También encontrarás información sobre cómo elegir y cocinar los alimentos, además de sugerencias para preparar tentempiés sanos y deliciosos.

Con la ayuda de este libro, puedes tomar decisiones sanas sobre lo que comes. Este es un gran momento de tu vida. Es una época para sentirse bien y tener un aspecto genial.

Una DIETA equilibrada

proteínas 12%

grasas 30%

carbohidratos 58%

Este gráfico muestra la proporción ideal de proteínas, grasas y carbohidratos que debes intentar ingerir cada día.

Para llevar una dieta sana, necesitas un buen equilibrio diario de nutrientes. Los nutrientes básicos incluyen carbohidratos, proteínas, grasas, fibra y agua, así como una diversidad de vitaminas y minerales. Por suerte, estos nutrientes aparecen en una gran variedad de alimentos, por lo que una alimentación sana no tiene por qué ser aburrida. De hecho, cuanto mayor sea la selección de alimentos que comas, mejor para tu salud. Así estarás seguro de que ingieres todos los nutrientes que necesitas.

Tu ingesta diaria de comida debería incluir una diversidad de frutas y verduras. También debes procurar comer productos lácteos bajos en grasa y legumbres, así como cereales y frutos secos. El pollo, el pescado y el marisco son una excelente fuente de proteínas; los vegetarianos completarán sus necesidades proteínicas ingiriendo más legumbres y semillas.

Supertentempié

Ciertas personas consiguen hacer solo tres comidas al día, pero la mayoría necesitamos algún tentempié para mantener altos nuestros niveles de energía. La gran pregunta es: ¿qué debemos elegir? Y, ¿tomas un tentempié porque tienes hambre de verdad o solo porque te apetece algo dulce? Si tienes hambre, toma un tentempié sano que te mantenga en marcha pero que no te quite el apetito. Opciones sanas son frutas frescas o desecadas, verduras crudas, tortitas de

arroz, yogur bajo en grasa, frutos secos y semillas. Te darán la energía que necesitas hasta que llegue tu próxima comida.

¿Tentempiés «fáciles»?

¿Cuál es la alternativa a un tentempié planeado? Suele ser cuestión de lo que haya. Con demasiada frecuencia es el tentempié «fácil» de las máquinas expendedoras instaladas en los colegios o en la calle. La elección se reduce a *snacks*, barritas de chocolate y galletas. Pero estos son precisamente la clase de tentempié que debes evitar. Todos contienen gran cantidad de grasa, sal o azúcar y pocos nutrientes. Son tentadores, pero no proporcionan mucha energía… ¡y no te harán ningún bien!

FRUTAS Y VERDURAS

Las frutas y verduras son parte esencial de nuestra dieta. Cada comida debería contenerlas y deberían ser nuestra primera elección a la hora de tomar un tentempié. Las frutas y verduras no tienen grasas y son una excelente fuente de fibra, vitaminas y minerales.

Estudios científicos han demostrado que también ayudan a prevenir enfermedades cardiovasculares y cáncer. Tal vez pienses que no es probable que padezcas estos problemas por lo menos durante otros 30 años pero lo que comas ahora pondrá las bases de tu salud futura.

Comidas regulares

Tu cuerpo necesita un aporte regular de nutrientes y la mejor manera de conseguirlo es tomando tres comidas equilibradas al día. Los estudios sobre alimentación muestran que las personas que toman menos comidas, suelen comer más –con frecuencia demasiado– cuando se sientan a la mesa. También tienden a elegir alimentos menos sanos.

Muchos se sienten tentados a saltarse el desayuno. Pero si te saltas esta importante comida, que hace funcionar tu sistema digestivo, te resultará muy difícil poner tu cuerpo y mente en movimiento. Y, sin huevos o cereal en tu interior para encender motores, te quedarás sin energía de consumo lento en cuestión de horas y necesitarás tomar un tentempié rico en grasas a media mañana.

POR SI NO LO SABÍAS

La mayoría de los alimentos que consumimos contiene un porcentaje alto de agua. Los más acuosos son las manzanas, con un 84% de agua, y los pepinos, con un 96%.
Una persona bebe de media más de 70 000 litros de agua a lo largo de su vida y va al cuarto de baño seis veces al día para eliminar agua de desecho.
Por último, el cerebro humano es aproximadamente un 85% agua.

¡Quién necesita agua!

Necesitamos agua para mantenernos vivos. De hecho, podríamos sobrevivir dos semanas sin comida, pero solo tres o cuatro días sin agua. Al carecer de agua, nuestro cuerpo comienza a consumir las reservas de grasa y proteínas, y enseguida comienza a decaer. Por desgracia no podemos almacenar agua en el cuerpo, a diferencia de los camellos, por lo que debemos beber cuando sintamos necesidad.

Procura beber de seis a ocho vasos de agua al día, pero deberás beber más si vas a practicar algún deporte o si hace mucho calor.

Carbohidratos = ENERGÍA

Igual que cualquier máquina, tu cuerpo requiere energía para funcionar. Es la comida la que aporta la energía necesaria para respirar, moverse, funcionar, repararse y crecer. ¡Y eso es mucha responsabilidad!

Casi todo lo que comes te aporta algún tipo de energía, pero los carbohidratos son la principal fuente energética. Deben ser una parte importante de tu dieta, especialmente cuando creces deprisa. Sin embargo, es importante elegir los carbohidratos correctos para mantenerte sano y en forma.

Carbohidratos «vacíos»

Algunos carbohidratos son una excelente fuente de energía y nutrientes. Pero otros solo aportan azúcar y almidón, y apenas hacen nada. Galletas, pasteles, golosinas y bebidas refrescantes son buenos ejemplos de carbohidratos vacíos. Aportan un subidón de azúcar instantáneo, pero te dejan con ganas de más. Si tomas demasiados acabarás sintiéndote deprimido e irritable. Debes evitarlos siempre que puedas.

El trigo y el arroz se transforman en productos como pan blanco y arroz blanco. Pero en el proceso de refinado, los granos son desprovistos de casi toda su fibra y nutrientes. Los cereales «integrales» son ricos en minerales, vitaminas y fibra, por lo que son mucho mejor para tu salud. Procura elegir siempre pan, arroz y pasta integral en lugar de las variedades refinadas. Hay que masticar más, pero merece la pena.

Almidones y azúcares

Hay dos tipos principales de carbohidratos: almidones y azúcares.

Almidones

Los alimentos que contienen almidón son de origen vegetal, como los cereales del desayuno, pan, pasta y arroz. Otros como las patatas, zanahorias y chirivías, también contienen almidón. Todos estos alimentos contienen azúcar, que se libera lentamente en el cuerpo mientras digieres. Se denominan carbohidratos complejos.

ALMIDÓN
carbohidratos complejos

AZÚCAR
carbohidratos simples

Azúcares

El otro tipo de carbohidratos son los azúcares. Los azúcares se encuentran en alimentos de sabor dulce como miel, fruta, galletas, golosinas y diversas bebidas. Estos carbohidratos liberan azúcar en el torrente sanguíneo muy deprisa y se conocen como carbohidratos simples. Es frecuente caer en la trampa de tomar muchos alimentos azucarados como galletas y golosinas. Pero el azúcar extra que tu cuerpo no quema en forma de energía al hacer ejercicio se almacena en forma de grasa.

Liberación rápida y lenta

Si necesitas un aporte rápido de azúcar, los carbohidratos simples son la respuesta. Come una manzana o unos frutos secos para obtener un subidón de energía. Si quieres un aporte de energía duradero, tendrás que ingerir carbohidratos complejos que liberan el azúcar lentamente en el cuerpo. Todas las comidas equilibradas contienen algunos carbohidratos complejos. Las comidas que incluyen pan, arroz, pasta o patatas te darán varias horas de energía.

Evita la trampa del azúcar

Es fácil engancharse a los alimentos azucarados refinados. La rápida liberación de azúcar en el torrente sanguíneo te hace sentir bien durante un tiempo breve, pero cuando el subidón de azúcar se acaba, te sientes incluso más cansado que antes… y con ganas de más alimentos azucarados.

El azúcar adopta muchas presentaciones. Ten cuidado con otras palabras utilizadas para describir azúcar añadido, como sacarosa, glucosa, fructosa, almidón hidrolizado y azúcar invertido.

El círculo vicioso de comer alimentos azucarados deriva en depresión y cansancio. Hace que engordes y adquieras un aspecto desmejorado y enfermizo. A largo plazo, también correrás peligro de contraer diversas enfermedades, como la diabetes.

CARBOHIDRATOS DEL MUNDO

La gente consume carbohidratos como parte importante de sus comidas. Pero la elección de carbohidratos depende de las cosechas de la zona. En Asia, el arroz y los fideos aparecen en muchas comidas.

En Oriente Medio es habitual el cuscús. En el sur de Europa se cocina pasta o polenta. En el norte de Europa y Norteamérica, las patatas y el pan son los carbohidratos más populares.

Cuscús de Oriente Medio.

Patatas del norte de Europa y Norteamérica.

Arroz de Asia.

Pasta o polenta del sur de Europa.

Proteínas =
CRECIMIENTO

Las proteínas son el elemento más importante del cuerpo. Después del agua, cada célula del cuerpo contiene más proteínas que ninguna otra cosa. Tu cuerpo necesita proteínas que le ayuden a crecer, repararse y estar fuerte. Las proteínas se encuentran en carnes, pescados, huevos y productos lácteos como queso, leche o yogures. También en legumbres, como alubias y lentejas, y en cereales, frutos secos y semillas. Las proteínas contienen unas sustancias llamadas aminoácidos. Hay unos 20 tipos de aminoácidos en el cuerpo y juegan un papel importante en tu salud.

Alimentos ricos en proteínas

Ciertas personas obtienen la mayor parte de sus proteínas de la carne y los productos lácteos. Estos son una excelente fuente de proteínas. Otras buenas fuentes son el pollo, el pescado y el marisco. Según determinados estudios, quienes comen menos carne roja y más pescado y pollo reducen la probabilidad a largo plazo de desarrollar enfermedades cardiovasculares o cáncer de colon.

Los frutos secos, semillas, cereales, alubias y lentejas también contienen proteínas y son ricos en fibra y nutrientes. Parte de tus proteínas diarias deben proceder de estas fuentes, pero comer demasiada carne, queso o huevos es perjudicial para tu salud. Un exceso de proteínas de este origen también provocará estreñimiento.

Durante los años de la pubertad, tu cuerpo crecerá más deprisa que nunca en toda tu vida: ¡hasta 10 cm al año!

Colesterol... ¡rico!

Las carnes rojas, como ternera, cordero y cerdo, los huevos y los productos lácteos son ricos en colesterol. En la página 15 encontrarás más información sobre este tema. Pero, en resumen, el colesterol es una sustancia que tu cuerpo fabrica por buenos motivos; ayuda a otras sustancias que también necesitas.

El colesterol está en todo lo que contiene proteínas y grasas. Pero debes tener cuidado con cuánto ingieres. De hecho, uno de los valores de los que más se preocupan los adultos es el nivel de colesterol sanguíneo. Demasiado causa problemas en el corazón: incluso en personas jóvenes que no solemos relacionar con problemas cardíacos. Si acumulas niveles altos de colesterol en el cuerpo, corres peligro de padecer enfermedades cardiovasculares precoces e incluso de sufrir un infarto.

Necesidades proteínicas

Necesitas un aporte regular de proteínas a lo largo de la vida, pero son especialmente importantes cuando creces. Tu necesidad aumenta cuando haces ejercicio, y los chicos necesitan más que las chicas porque sus cuerpos contienen más músculo. Se calcula que las proteínas deben suponer el 15% más o menos de nuestra ingesta alimentaria total.

Hoy es raro que las personas de países desarrollados padezcan deficiencias proteínicas. Pero en ocasiones, las personas que hacen dieta pueden acabar presentando deficiencia de proteínas. Cuando esto ocurre, el cuerpo utiliza las proteínas almacenadas en los músculos, lo que provoca el colapso de los músculos y debilidad generalizada.

PROTEÍNAS PARA VEGETARIANOS

La buena noticia para los vegetarianos es que muchos alimentos elaborados a partir de plantas son ricos en proteínas. Los vegetarianos deben comer platos que contengan lentejas y alubias, y consumir arroz, pasta y pan integral. La soja es una excelente fuente de proteínas, ya que contiene una gran diversidad de aminoácidos. El tofu y *quorn* son también alternativas a la carne o el pescado. Muchos vegetarianos consumen además huevos y productos lácteos.

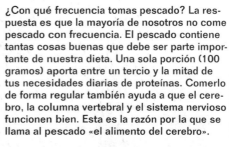

PESCADO FANTÁSTICO

¿Con qué frecuencia tomas pescado? La respuesta es que la mayoría de nosotros no come pescado con frecuencia. El pescado contiene tantas cosas buenas que debe ser parte importante de nuestra dieta. Una sola porción (100 gramos) aporta entre un tercio y la mitad de tus necesidades diarias de proteínas. Comerlo de forma regular también ayuda a que el cerebro, la columna vertebral y el sistema nervioso funcionen bien. Esta es la razón por la que se llama al pescado «el alimento del cerebro».

Los científicos afirman que las sociedades en que se consume más pescado son también las que padecen menos depresión. Y hay pruebas de que los pueblos isleños, como los de Asia en que la pesca es la principal industria alimentaria, son también los más sanos.

Cosas GRASAS

Las grasas son otra parte esencial de la dieta. Tu cuerpo necesita grasas para protegerse de los extremos de calor y frío. Las grasas del cuerpo ayudan a absorber algunas vitaminas importantes y son una valiosa fuente de energía. Las grasas pueden ser una cosa muy buena, pero no todas las grasas son buenas para ti.

POR SI NO LO SABÍAS
Medio kilo de grasa contiene 3500 calorías. ¡Lo mismo que siete hamburguesas con queso!

Los científicos han dividido las grasas comestibles en dos grupos: saturadas y no saturadas. Han descubierto que comer demasiadas grasas saturadas pone la salud en peligro y, por otro lado, que comer grasas no saturadas es saludable.

Grasas saturadas

La mayoría de las grasas saturadas proceden de productos animales o lácteos. Se encuentran en carnes rojas y productos cárnicos como las salchichas. La leche entera, el queso, la nata y el helado son también ricos en grasas saturadas.

Si eres joven y estás creciendo deprisa, necesitas algunas de estas grasas en tu dieta. Pero también debes ser consciente de que demasiadas grasas saturadas pueden incrementar los niveles de colesterol en sangre. Esto significa que te estás poniendo en situación de riesgo de ataques al corazón e ictus a lo largo de tu vida. ¡E incluso peor! El exceso de grasas saturadas se almacena en forma de grasa corporal; transportar todo el peso de la grasa te hará estar deprimido y adormilado.

Grasas no saturadas

Las grasas no saturadas se encuentran en aceites vegetales, como el aceite de oliva o de girasol, en semillas como las pipas de girasol y de calabaza, y en frutos secos y aguacates. También aparecen en el pescado graso, como arenques, atún, caballa y sardinas. Las grasas del pescado, conocidas como Omega 3, son especialmente buenas para los ojos, la columna vertebral y el cerebro.

Las grasas no saturadas son realmente buenas para la salud. Ayudan a combatir enfermedades y reducen los efectos perjudiciales de las grasas saturadas. Reducen el nivel de colesterol en sangre y ayudan a perder el exceso de peso. Así pues, si quieres sentirte en forma y tener un aspecto estupendo, procura incluir muchas en tu dieta.

leche entera • nata • helado • queso • salchichas

aceite de oliva • pescado graso • aguacate • pipas de girasol

COLESTEROL

Todos tenemos colesterol en la sangre. Es una sustancia cerosa que el cuerpo utiliza para manufacturar algunas sustancias químicas importantes. La mayor parte del colesterol es fabricada por nuestro cuerpo, pero el resto nos llega a través de la comida. Cuando tienes mucho colesterol en la sangre, forma depósitos grasos en las arterias y restringe el flujo de sangre al corazón.

Si adquieres buenos hábitos desde pequeño, te ayudarán a prevenir la acumulación de colesterol en la sangre, lo que te dará la oportunidad de disfrutar de una vida más larga y sana.

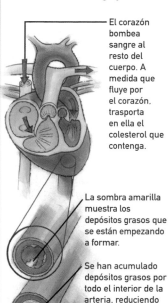

El corazón bombea sangre al resto del cuerpo. A medida que fluye por el corazón, trasporta en ella el colesterol que contenga.

La sombra amarilla muestra los depósitos grasos que se están empezando a formar.

Se han acumulado depósitos grasos por todo el interior de la arteria, reduciendo el canal por donde fluye la sangre.

Los depósitos grasos bloquean la arteria y la sangre tiene que apretarse por un estrecho canal.

Ácidos grasos trans

Algunas de las grasas de los alimentos procesados contienen un tipo de grasa especial fabricado a partir de aceites vegetales líquidos endurecidos. Estos ácidos grasos trans, también llamados grasas trans, suelen encontrarse en galletas, pasteles, bollos y salchichas, así como en comida rápida como las hamburguesas. Pueden hacer que los niveles de colesterol suban de forma alarmante: se ha demostrado que causan diabetes, enfermedades cardíacas y cáncer. Si tomas demasiados ácidos grasos trans engordarás y tu pelo y piel se volverán grasos.

Si prefieres una dieta más sana o intentas perder peso, procura eliminar de tu dieta los ácidos grasos trans y sustituirlos por opciones más sanas. Así que, ¡nada de bollos!

¡Fuera con la grasa!

Es fácil añadir grasa a la comida, incluso sin darte cuenta de que lo haces, y luego preguntarte por qué ganas kilos. Si te preocupa tu peso, prueba a cocinar tu comida a la plancha, en lugar de freírla. Toma yogur de postre en lugar de helado o nata, aporta sabor con verduras frescas en lugar de con ketchup y mayonesa, toma patatas asadas en lugar de patatas fritas de bolsa.

Grasa corporal

Todos necesitamos cierta cantidad de grasa corporal, pero el exceso perjudica la salud. El porcentaje medio aceptado es 15% para los hombres y 25% para las mujeres. Esto significa que si una mujer pesa 60 kilos, 15 kilos de su peso corporal deben ser grasa. Las mujeres tienen más grasa corporal que los hombres por naturaleza.

El médico calcula tu grasa corporal usando una especie de calibre con el que mide pliegues de piel que separa de los músculos y huesos.

En forma con FIBRA

En ocasiones se considera a la fibra poco digerible. Es fácil reconocerla porque es la parte dura y crujiente de los alimentos, ¡y con frecuencia hay que masticarla bien! Pero la fibra no solo da trabajo a nuestra mandíbula: es además parte muy importante de la dieta. La fibra reduce la cantidad de tiempo que la comida tarda en atravesar el sistema. Así pues, hace que el aparato digestivo funcione bien, ayuda a digerir otros alimentos y te protege contra ciertas enfermedades.

¿Qué es la fibra?

La fibra se encuentra en plantas y alimentos de origen vegetal. Las frutas, frutos secos, verduras, semillas y cereales contienen mucha fibra, sobre todo cuando se consumen sin cocinar. Hay dos tipos principales de fibra alimentaria: la fibra soluble, que se disuelve en agua, y la fibra insoluble, que no se disuelve sino que atraviesa el cuerpo. Ambos tipos de fibra juegan un papel crucial en la digestión.

Fibra soluble

La fibra soluble, o fibra que se disuelve en un líquido, se encuentra en los cereales integrales, como avena, cebada y centeno, en lentejas y alubias, y en frutas y verduras. Actúa de diversas formas a medida que el cuerpo digiere los alimentos.

La fibra soluble ayuda a ralentizar la descomposición de carbohidratos almidonados complejos, como los del pan, arroz y patatas, a fin de que liberen su azúcar poco a poco en la sangre. Esto significa que la energía obtenida de estos carbohidratos dura más tiempo. La fibra soluble puede ayudar a prevenir la diabetes, porque reduce los niveles de azúcar en sangre. Estudios científicos han demostrado que también puede ayudar a reducir el nivel de colesterol en sangre.

Fibra insoluble

La fibra insoluble, que no se disuelve en un líquido, se encuentra en el pan, arroz y cereales integrales, así como en semillas y legumbres. También está en la piel de verduras y frutas.

Incluir fibra insoluble en la dieta te ayudará a mantener el intestino limpio y sano. Regulará el movimiento intestinal y hará que tus deposiciones sean más grandes y blandas. Así pues, la fibra insoluble ayuda a prevenir el estreñimiento y la acumulación de toxinas y la descomposición de alimentos en el intestino, y a reducir el riesgo de enfermedades como el cáncer de colon o de recto.

vegetales

fruta

cereales

semillas

nueces

Añadir fibra

¿Te preocupa no consumir suficiente fibra? He aquí algunas sugerencias para añadirla a tu dieta. Procura aumentar la ingesta de fibra gradualmente para que tu sistema digestivo tenga tiempo para adaptarse. Y recuerda que la fibra absorbe líquidos, por lo que debes beber bastante agua.

• Comienza el día con un cereal rico en fibra, como muesli integral.
• Elige tentempiés ricos en fibra: verduras crudas (palitos de zanahoria) y fruta son una excelente elección.
• Toma más verdura en las comidas. Las verduras verdes con hoja son fuentes de fibra especialmente buenas.
• Elige pan, arroz y pasta integrales en lugar de las variedades refinadas.
• Come más fruta con piel y semillas, como manzanas, uvas y bayas.
• Toma las verduras crudas o cocinadas al vapor, en lugar de hervidas… y demasiado cocidas.
• Toma tortitas integrales o barritas de cereal en lugar de galletas y bollos.

EN EL SISTEMA

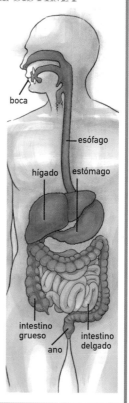

El proceso digestivo comienza en la boca. Durante la masticación la saliva descompone y ablanda el alimento sólido. La saliva empieza a descomponer el almidón de la comida.

El alimento se traga y pasa al esófago. Unos anillos musculares ayudan al bolo alimenticio a descender empujándolo a lo largo del esófago hasta el estómago.

En el estómago, el ácido hidroclórico y los jugos gástricos empiezan a descomponerlo.

En el intestino delgado, las enzimas fabricadas en la pared del intestino y el páncreas continúan el proceso digestivo. La bilis, producida por el hígado, descompone las grasas.

Lo que no haya sido digerido por el sistema avanza hacia el intestino grueso donde se absorbe el agua; la parte inservible se expulsa por el ano.

boca
esófago
hígado
estómago
intestino grueso
ano
intestino delgado

POR SI NO LO SABÍAS

INTESTINOS
Si se estira, el intestino delgado mide casi siete metros.

ÁCIDO ESTOMACAL
El ácido del estómago es tan fuerte como el ácido de una batería.
¡Puede disolver el metal!

TU PIEL Y LA FIBRA

Tomar mucha fibra ayuda a tener buen aspecto. Previene el estreñimiento, asegurando que los productos de desecho son eliminados con regularidad. Al no permitir que los desechos se acumulen, te sentirás mucho mejor y tu salud interna se verá reflejada en tu piel. Si estás sano por dentro, ¡también lo estarás por fuera!

VITAMINAS Vitales

Las vitaminas son vitales para el crecimiento y desarrollo sanos. Ayudan a tu cuerpo a digerir y utilizar los alimentos y juegan un papel importante en la construcción y reparación de células, piel y órganos; contribuyen a proteger tu cuerpo de muchas enfermedades.

¿Qué son las vitaminas?

Son sustancias químicas presentes de modo natural y en cantidades muy pequeñas en los alimentos. La forma de asegurarse de que ingieres todas las vitaminas que necesitas es una dieta variada. No caigas en la tentación de tomar píldoras de vitaminas. Llevar una dieta sana y equilibrada es una forma mucho mejor de conseguir tu ración diaria.

¿No absorbes?

En ocasiones, no absorbemos las vitaminas esenciales porque no tomamos los alimentos adecuados. Fumar y beber en exceso, por ejemplo, reducen la capacidad del cuerpo para absorber vitaminas. Algunas enfermedades también afectan al modo en que se absorben las vitaminas. Y si padeces estrés, este hará que tus niveles de vitaminas caigan. En los países desarrollados, las deficiencias vitamínicas graves son raras, pero aun así no hay que dejar de tomar alimentos sanos.

ESCORBUTO A BORDO

El escorbuto es una enfermedad grave que en otro tiempo era temida por los marineros cuyos barcos permanecían en alta mar durante meses, más tiempo del que podían conservarse las frutas y verduras. Está causado por una carencia de vitamina C en el cuerpo y presenta varios síntomas, unos más terribles que otros. A los marineros se les ablandaban las encías, les salían manchas y sangraban. Se volvían depresivos y pálidos, y no podían caminar ni mover las extremidades.

Vitamina K: tu bacteria amiga

La vitamina K hace que la sangre coagule y forme costras encima de las heridas. La fabrica tu flora intestinal: organismos diminutos en el interior de los intestinos. Esta flora intestinal en ocasiones se denomina «bacterias amigas». Una buena forma de mantener una flora intestinal sana es tomar yogur natural de forma regular.

VITAMINAS A-E

Las principales vitaminas que obtenemos de los alimentos son las vitaminas A, B, C y E. (La vitamina D no se obtiene a través de la comida: la fabrica la piel cuando está expuesta al sol).

Vitamina C

Se encuentra en muchas frutas y verduras, pero el brócoli, tomates, pimientos, kiwi, naranjas y grosellas negras son especialmente ricos en ella. La vitamina C cumple varias funciones. Refuerza los huesos y ayuda a mantener una piel sana, a absorber el hierro, a reparar los tejidos y es importante contra las infecciones.

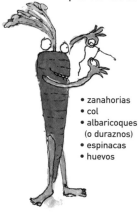

- zanahorias
- col
- albaricoques (o duraznos)
- espinacas
- huevos

- tomates
- brécol o brócoli
- pimientos
- kiwi
- naranjas
- grosellas negras

Vitamina A

Es importante para conservar una buena vista. Favorece el crecimiento de los huesos y ayuda a mantener sanas las membranas mucosas y ayuda al cuerpo a luchar contra el cáncer. Las zanahorias son una excelente fuente de vitamina A. También la col, albaricoques, espinacas y huevos.

Vitamina D

Se conoce como la «vitamina del sol». Refuerza los huesos. La carencia de vitamina D puede causar raquitismo, trastorno que deforma los huesos.

Vitamina B

Se descompone en seis sustancias independientes que actúan juntas en el cuerpo. Estas vitaminas son la B1 (o tiamina), B (o riboflavina), niacina, ácido pantoténico, B6 y B12. Las vitaminas B son esenciales para el crecimiento y la salud del sistema nervioso. Favorecen la digestión. Los alimentos ricos en vitaminas B son: extracto de levadura, cacahuetes, pollo, pescado, germen de soja y huevos.

- aceite de girasol
- pipas de girasol
- marisco
- germen de soja
- frutos secos

- cacahuetes
- pollo
- germen de soja
- pescado
- huevos
- extracto de levadura

Vitamina E

Ayuda al cuerpo a combatir las infecciones. Se encuentra en el aceite y las pipas de girasol, así como en los frutos secos. El marisco y el germen de soja son excelentes fuentes de vitamina E.

MINERALÍZATE

Tu cuerpo necesita distintos minerales para funcionar bien y mantenerse sano: por suerte están presentes en muchos alimentos. Algunos son necesarios en grandes cantidades, como calcio, magnesio, fósforo, potasio, sodio y sulfuro. Otros minerales se dan en el cuerpo en pequeñas cantidades; en ocasiones se les llama elementos vestigiales. Cobre, flúor, yodo, hierro, selenio y zinc son ejemplos.

POR SI NO LO SABÍAS

El cuerpo humano contiene como media suficiente hierro para fabricar una punta de 15 centímetros, suficiente sulfuro para matar a todas las pulgas de un perro, suficiente carbono para fabricar 900 lápices, suficiente potasio para disparar un cañón de juguete, suficiente grasa para fabricar siete pastillas de jabón, suficiente fósforo para fabricar 2.200 cabezas de cerilla y suficiente agua para llenar un tanque de 45 litros.

¿Tomas bastante?

Tu dieta debe proporcionarte todos los minerales que necesitas, pero aun así es posible desarrollar deficiencias minerales, sobre todo si estás creciendo deprisa. La deficiencia mineral más común es la falta de calcio y de hierro, conocida como anemia.

BUENAS FUENTES DE HIERRO

- espinacas
- germen de soja
- hígado
- carne roja
- huevos
- aves
- alubias
- garbanzos
- sardinas
- atún
- langostinos

sardinas

atún

alubias

langostinos

Hierro

Aunque tu cuerpo contiene cantidades muy pequeñas de hierro, este mineral vital juega un papel importante a la hora de mantenerte sano. El hierro se encuentra en los glóbulos rojos, las células que transportan oxígeno a todo el cuerpo. Tu cuerpo necesita oxígeno para transformar el alimento en energía. Pero si carece de hierro, el oxígeno no llegará lo bastante rápido allí donde se necesita, y te sentirás cansado.

Es muy común que las adolescentes padezcan deficiencia de hierro, sobre todo si tienen reglas abundantes. Aprende los síntomas de alarma en el cuadro de la página siguiente. Si tienes anemia, el médico te recetará suplementos de hierro para reponer este mineral.

Calcio

Necesitas un aporte constante de calcio para mantener tus huesos y dientes sanos. Esto es especialmente importante si tienes entre 9 y 18 años, cuando tus huesos se desarrollan deprisa. Por desgracia, es también el momento en que algunos jóvenes dejan de consumir el calcio que necesitan.

Haz que tu aporte de leche sea una necesidad diaria.

Los huesos necesitan calcio

Para cubrir tus estirones a lo largo de la pubertad, necesitas beber mucha leche y consumir otros productos lácteos, como yogur, mantequilla y queso, aunque estos no son las únicas fuentes de calcio. Espinacas, tofu, almendras y sardinas contienen suficiente calcio para mantenerte en forma.

Sodio

El sodio se encuentra en la parte líquida de las células del cuerpo que contienen gran cantidad. De hecho, tu cuerpo engloba el nivel de sal, o cloruro sódico, equivalente al océano. Casi todos los alimentos tienen sodio, que es el nombre científico para la sal. Está presente en la pasta de dientes, enjuagues bucales e incluso las aspirinas. Aunque ayuda a que los sistemas nervioso y muscular del cuerpo funcionen bien, el exceso incrementa el riesgo de problemas cardíacos.

Una bolsa de patatas fritas tiene un alto contenido de sal. Supone un gramo de sodio: un sexto de tus necesidades diarias máximas.

¿TIENES ANEMIA?

¿A tu cuerpo le falta hierro?
Presta atención a estos síntomas de alarma:
• Palidez
• Cansancio
• Debilidad
• Frío o entumecimiento en los dedos de las manos y los pies
• Falta de aire
• Catarros e infecciones frecuentes.

Los vegetarianos sufren más riesgo de anemia debido a que tal vez no ingieran suficientes alimentos ricos en hierro.

¿Y las BEBIDAS?

Necesitamos beber para mantenernos vivos. Los humanos pueden sobrevivir varias semanas sin comer, pero sólo unos cuentos días sin agua. Si tu cuerpo se ve privado de fluidos se deshidrata y órganos, como el hígado o los riñones, dejan de funcionar bien. Incluso estar ligeramente deshidratado supone un esfuerzo para tus órganos.

¿Qué eliges?

Es evidente que necesitas beber. Pero la gran pregunta es: ¿qué bebidas eliges? ¿Escoges el agua para calmar tu sed? ¿Eres un fan de las colas? ¿Bebes mucha fruta exprimida? ¿Confías en el café o té para llegar al final del día? Lo que bebes puede marcar la diferencia en lo que respecta a tu aspecto y tu estado de salud.

La mejor forma de calmar la sed es bebiendo agua. Ha de ser tu primera opción porque no contiene azúcar, sustancias químicas ni otros aditivos nada saludables.

Lo primero: agua

Procura beber de seis a ocho vasos de agua al día. Esto te ayudará a mantener tus niveles de agua a tope y a reemplazar el agua que pierdes a través del sudor y la orina. Beber mucha agua hará que tus órganos funcionen bien. Ayudará a los riñones a evacuar todas las toxinas y mejorará el tono de tu piel. Algunos estudios han demostrado que las personas que beben mucha agua tienen menos riesgo de padecer estreñimiento y cáncer de colon o del tracto urinario.

En muchos países el agua del grifo es perfectamente segura para beber, pero tal vez prefieras agua embotellada. Con frecuencia se la denomina agua mineral o filtrada, porque se han eliminado de ella todas las impurezas. Acostúmbrate a llevar contigo una botella: así podrás tomar un traguito siempre que tengas sed.

POR SI NO LO SABÍAS

Una porción del agua del grifo que consumes ya ha sido bebida por alguien más… ¡quizá incluso varias veces! Pero, ¡no te preocupes! ¡Es limpia y segura!

¡Pareces reseco, colega!

Bebidas azucaradas

Muchas bebidas contienen gran cantidad de azúcar. Los zumos o jugos de fruta y bebidas gaseosas especialmente. Estos azúcares «ocultos» estropean los dientes y engordan. Se cree que el incremento en el consumo de bebidas refrescantes es un factor importante en el sobrepeso infantil. Las bebidas azucaradas te dan un subidón de energía, pero este se pasa deprisa, dejándote con más ganas de bebidas y alimentos dulces. Los zumos y refrescos también contienen muchas sustancias químicas añadidas, los aditivos, capaces de afectar tus estados de ánimo y perjudicar tu salud.

¡Colorantes artificiales! ¡Emulsiones antiaglomerantes!

¡Espesantes! ¡Conservantes! ¡Potenciadores del sabor!

POR SI NO LO SABÍAS

Un bote de refresco contiene 40-50 miligramos de azúcar. ¡Uno al día puede sumar siete kilos a tu peso en un año!

¡Alerta: Cafeína!

La cafeína se encuentra en el té, café, bebidas de cola y chocolate. Es un estimulante que actúa sobre el corazón, cerebro y sistema nervioso. Consumida en grandes cantidades puede causar insomnio, sudores, temblores, respiración rápida y palpitaciones. Puedes observar que el café o la cola te ponen nervioso y te impiden dormir por la noche. Estos son síntomas claros de que debes reducir su consumo.

Beber cafeína puede ser muy adictivo. Algunas personas se vuelven completamente dependientes de las bebidas con cafeína para ponerse en marcha por las mañanas o mantenerse despiertas. Es malo para la salud. Procura reducirla poco a poco, ya que una interrupción repentina puede causar dolores de cabeza fuertes, irritabilidad y falta de energía.

ALCOHOL

El alcohol es una molécula muy pequeña que penetra fácilmente en el torrente sanguíneo. Actúa sobre el sistema nervioso central ralentizándolo y haciendo que todo tu cuerpo sea menos eficaz. Está socialmente aceptado debido a su efecto relajante, pero puede ser muy peligroso. Por este motivo muchos países aprueban leyes que lo prohíben hasta la mayoría de edad.

El consumo de alcohol a gran escala, sobre todo si eres menor, puede tener consecuencias, tanto inmediatas como a más largo plazo. Las personas que empiezan a beber pronto están expuestas a desmayos, resacas e intoxicaciones etílicas… ¡que pueden acabar con un lavado de estómago! Pero lo peor es que el alcohol tiene un efecto perjudicial sobre el cerebro, especialmente en las zonas responsables del aprendizaje y la memoria. El alcoholismo en niños y jóvenes está muy relacionado con daños cerebrales; a veces produce una reducción de la masa cerebral.

Tu cuerpo puede librarse del alcohol a un ritmo de una copa por hora. Si bebes más, las reacciones de tu cuerpo se verán debilitadas.

En busca del EQUILIBRIO

Ahora que conoces los principales nutrientes, el desafío es mezclarlos. Una manera útil de pensar en los alimentos que comes es dividirlos en grandes grupos alimentarios. Hay cuatro grupos principales —o tipos— de alimentos. Procura comer algún alimento de cada uno de estos grupos a diario. Así llevarás una dieta equilibrada y tomarás todos los nutrientes que necesitas.

Grupo 1: Cereales y derivados

Este grupo incluye cereales, arroz, pasta, pan y patatas. Estos alimentos contienen carbohidratos complejos (ver página 10) que liberan energía lentamente. Son también una excelente fuente de fibra.

Grupo 2: Verduras y frutas

Hay una inmensa variedad de frutas y verduras. Están cargados de vitaminas y minerales, sobre todo vitamina C. Contienen mucha fibra y algunas son una excelente fuente de carbohidratos.

Grupo 4: Alimentos proteínicos

Los alimentos ricos en proteínas incluyen carne, aves, pescado y huevos, pero también proteínas vegetales como alubias, lentejas y frutos secos. Además de aportar proteínas, contienen diversos minerales y vitaminas, salvo las vitaminas B. Las proteínas vegetales tienen la ventaja añadida de poseer mucha fibra.

Grupo 3: Productos lácteos

Incluyen la leche, el queso y el yogur. Contienen algunas grasas y también aportan proteínas, vitaminas y minerales. Son especialmente ricos en calcio.

¿CUÁNTO DE CADA?

Resulta difícil establecer reglas definitivas pero, como norma, los adolescentes sanos y activos procurarán consumir las siguientes cantidades diarias:

- 5-8 raciones de cereales.
(1 ración = 1 rebanada de pan integral o 3 cucharadas de cereal)
- 5-7 raciones de frutas y verduras.
(1 ración = 1 tazón de ensalada mixta, 2 cucharadas de alubias verdes o una pieza de fruta)
- 2-3 raciones de productos lácteos.
(1 ración = 1 vaso de leche o un yogur)
- 2-3 raciones de alimentos proteínicos.
(1 ración = 55-85 g de pollo o pescado cocinado, 2 huevos o 4 cucharadas de lentejas cocinadas)

Evidentemente, tu tamaño afecta a la cantidad de comida que necesitas, y los chicos generalmente necesitan comer más que las chicas.

El almuerzo

OPCIÓN MEDITERRÁNEA
- PAN DE PITA Y HUMMUS
- ENSALADA MEDITERRÁNEA CON TOMATE, CEBOLLA, ACEITUNAS Y PEPINO.
- UN PAQUETE DE CACAHUETES TOSTADOS.
- UNA PIEZA DE FRUTA: UN MANGO O UN TROZO DE SANDÍA.

VERSIÓN LIGERA
- ENSALADA CÉSAR CON TOMATE Y ACEITUNAS VERDES
- TOSTADA INTEGRAL.
- UNA BOLSA DE FRUTOS SECOS O FRUTAS DESECADAS.
- BATIDO CASERO CON TUS FRUTAS FAVORITAS.

EL «ENROLLADO»
PUEDES SER MUY IMAGINATIVO CON LOS «ENROLLADOS», AQUÍ TIENES SUGERENCIAS:
- DE POLLO: PECHUGA DE POLLO CON ENSALADA, AGUACATE Y MAYONESA.
- DE ATÚN: ATÚN, ENSALADA, ADEREZO PARA ENSALADA CÉSAR Y ACEITUNAS.

EL ENERGÉTICO
- SÁNDWICH DE MANTEQUILLA DE CACAHUETE EN PAN INTEGRAL.
- PASTA CON ATÚN CON TOMATES CHERRY Y PIMIENTOS.
- UN TROZO DE PASTEL DE FRUTA.
- GALLETAS DE AVENA.
- BRIK PEQUEÑO DE LECHE.

Alimentos a evitar

Ciertos alimentos no se incluyen en ninguno de los cuatro grupos principales. Se trata de alimentos ricos en grasa, sal y azúcar. Las golosinas, *snacks*, barritas de chocolate y galletas son ejemplos. Aunque no es malo consumirlos de vez en cuando, procura evitarlos. Tomar muchos alimentos grasos, salados y azucarados no te hará ningún bien; engordarás y tu piel y pelo empeorarán.

La opción VEGETARIANA

Muchos adolescentes deciden ser vegetarianos. Quizá crean que es más sano llevar una dieta natural con una base vegetal, pero también puede haber otros motivos. A muchas personas les disgusta la forma en que los animales son criados para proporcionar comida a los humanos, sobre todo cuando esto implica crueldad. Otros no consumen carne por motivos religiosos. Y hay personas que no pueden conseguir carne con facilidad en la región donde viven. Pero si decides ser vegetariano, tendrás que plantearte bien lo que comes.

¿Una opción sana?

Comer demasiada carne roja es perjudicial, pero si dejas de comer carne no eliges necesariamente una opción más sana. La carne y el pescado son una buena fuente de proteínas, por lo que tendrás que reemplazarlas en tu dieta de alguna manera.

Si estás acostumbrado a comer carne, puede resultar difícil saber cómo llenar el vacío en tu plato. Algunos adolescentes vegetarianos lo llenan con montones de patatas fritas y pan blanco, mientras que otros consumen gran cantidad de queso y huevos en lugar de carne. Estas opciones pueden hacerte sentir lo contrario de sano… y correrás el riesgo de no ingerir ciertos nutrientes vitales.

Las zanahorias son una mina de oro nutricional. Ninguna otra fruta o verdura contiene tanto caroteno, que el cuerpo transforma en vitamina A.

No te equivoques

Debería ser evidente pero, como vegetariano, ¡tendrán que gustarte las verduras! Así pues, si eres el tipo de persona que aparta el repollo a un lado del plato, la opción vegetariana no es para ti. Una dieta vegetariana equilibrada aportará a tu cuerpo todos los nutrientes que necesita, pero hay ciertos riesgos. Los vegetarianos terminan a veces consumiendo dietas bajas en hierro y proteínas, sobre todo si están en una fase de crecimiento. Otras sufren carencias de ciertos aminoácidos, que juegan un papel importante en nuestra salud.

Soja al rescate

Los huevos, el queso y otros productos lácteos son una excelente fuente de proteínas. Pero no confíes demasiado en estos alimentos: pueden contener mucho colesterol y grasas no saturadas. La soja, el tofu y el *quorn* son alternativas excelentes a la carne; la soja (la versión natural) es muy buena porque contiene una gran diversidad de aminoácidos.

Los granos, como trigo y arroz, las alubias, lentejas, frutos secos y semillas también contienen proteínas, así que procura tomar un poco cada día. Elige siempre pasta, arroz, pan y cereales integrales en lugar de las variedades refinadas y procesadas, ya que son la mejor fuente de nutrientes.

¿Qué es eso?

Soja

Es una legumbre, y una excelente fuente de proteínas, ya que contiene todos los aminoácidos que necesitas. Procura comprar el producto natural.

Tofu

Se fabrica coagulando leche de soja y luego presionando los cuajos en bloques. Contiene un 10,7% de proteínas.

Quorn

Se trata de un alimento manufacturado rico en proteínas elaborado a partir de hongos procesados. Es un sustituto popular de la carne.

Hierro en la sangre

Asegúrate de mantener tus niveles de hierro consumiendo muchos alimentos ricos en este mineral como huevos, brócoli, alubias, germen de soja y garbanzos. Puedes ayudar a que tu cuerpo lo absorba consumiendo alimentos que contengan vitamina C, como tomates, naranjas y grosellas negras.

Mientras sigas estas pautas, deberías sentirte sano y tener un buen aspecto. Algunos estudios sobre vegetarianos muestran que suelen disfrutar de vidas más largas y sanas que quienes consumen mucha carne.

VEGETARIANOS Y VEGANOS

No todos los vegetarianos siguen el mismo tipo de dieta. Muchos dejan de comer carne y pescado, pero continúan ingiriendo productos animales, como huevos, leche y queso. Otros «semivegetarianos» nunca comen carne, pero sí pescado y marisco. Algunos vegetarianos más estrictos deciden seguir una dieta vegana, evitando todos los productos animales y consumiendo sólo alimentos vegetales.

Los veganos deben prestar especial atención a su salud. A excepción de la soja, los alimentos vegetales son una fuente incompleta de proteínas. Esto significa que han de combinar diferentes alimentos para conseguir todas las proteínas necesarias. Por ejemplo, platos como arroz con lentejas, alubias sobre tostada integral o hummus sobre pan de pita, contienen una buena gama de proteínas y aminoácidos.

¿Qué hay de cena?

Esta familia vive en la región montañosa de los Andes de Ecuador y lleva una vida muy activa.
La dieta semanal es sobre todo vegetariana. Viven con una mezcla de granos, patatas, arroz, frutas, verduras, frutos secos y productos lácteos. Pocas veces comen carne, salvo algún pollo o cobaya, pero en cambio consumen muchas lentejas, que contienen proteínas. Hay patatas en casi todas las comidas, e incluso se toman como tentempié. En la región hay 200 tipos de patatas, algunas tan pequeñas como nueces y otras tan grandes como naranjas.

Todas tienen su propio sabor y textura. A todos les gusta el sabor picante de los chiles. También la «salsa de ají», mezcla de chiles, cebolla y sal, espolvoreada sobre la comida. Por último, beben té de ortiga y agua fresca de manantiales de montaña.

¿Cuánto es SUFICIENTE?

Tu cuerpo necesita cada día alimentos que le aporten energía. Alrededor de dos tercios de esa energía se utiliza en mantenerlo; el otro tercio se emplea como combustible para tus actividades: ir andando al colegio, jugar al fútbol o bailar. Si ingieres la cantidad correcta para ti, tendrás energía para todas tus actividades. Pero si comes poco o demasiado, en seguida lo notarás. Come poco y estarás constantemente cansado, con frío y hambriento; ingiere demasiada comida y te sentirás pesado y adormilado.

Índice metabólico

Aun cuando estás dormido, tu cuerpo está consumiendo energía para realizar todas las funciones básicas, como respirar, bombear sangre y la digestión. Estas funciones básicas se denominan metabolismo, y la energía que necesitas para mantenerlas se conoce como índice metabólico basal, o IMB.

El IMB es más elevado en niños; se estabiliza poco a poco cumplidos los 10 años. El IMB de los hombres suele ser más alto que el de las mujeres porque tienen que mantener una mayor masa muscular. Esto significa que los hombres han de comer más que las mujeres para mantener su metabolismo en perfecto funcionamiento. No todo el mundo tiene el mismo IMB: esto se traduce en que las necesidades alimentarias varían mucho de persona a persona. Unos queman de media hasta el 60% de la comida ingerida simplemente por mantenerse vivos. La gente que necesita mucha comida para sustentarse tiene un IBM elevado, un metabolismo rápido; en otras es más lento.

¿Se puede cambiar el índice metabólico?

Es posible modificar el índice metabólico. El ejercicio regular hará que tu metabolismo funcione de manera rápida y eficaz. Pero saltarse comidas, sobre todo el desayuno, lo ralentizará. Si estás muchas horas sin comer, tu cuerpo reaccionará ralentizando el metabolismo y usando menos energía.

¿Qué es bueno para ti?

Heredamos el tipo de metabolismo de nuestros padres. Depende de ti darte cuenta de la energía que tu cuerpo necesita para mantenerse. Así pues, no trates de comer lo mismo que tu mejor amigo. Lo que a él o a ella les va bien, puede no convenirte.

Ejercicio y energía

La gente no solo necesita comer para mantener las funciones básicas del cuerpo. También necesitan disponer de energía para realizar otras actividades diferentes. De hecho, aproximadamente el 30% de la energía procedente de la comida se quema con el ejercicio. La cantidad de energía que necesitas se relaciona de forma directa con el ejercicio que haces. Si pasas mucho tiempo paseando, nadando, jugando al aire libre o bailando, tendrás que comer más: es así de sencillo. Y, claro, lo mismo ocurre al contrario: si te pasas casi todo el día sentado tendrás que comer menos.

Lo mejor para que tu cuerpo funcione realmente bien es hacer mucho ejercicio cada día. Así podrás disfrutar de lo que comes, sabiendo que tu cuerpo está en forma, en lugar de sentirte pesado. ¿Cuánto ejercicio haces?

Quémalo

Hay que caminar deprisa 15 kilómetros para quemar las calorías de una sola barrita de chocolate. Deprisa significa que puedas sentir cierta tensión en los músculos, especialmente en los pulmones y el corazón.

FALTAN
15 KM

CALORÍAS Y ENERGÍA

La energía que obtienes de la comida se mide en calorías; todos los alimentos que comes pueden clasificarse según el número de calorías que contienen. El recuento de calorías sirve para detectar si comes demasiado, o muy poco, para tus necesidades. También es útil saber cuántas calorías contienen los distintos alimentos.

La ingesta de calorías recomendada es de 2 500 para los chicos y 2 000 para las chicas. Un cuerpo que consume 2 500 calorías al día y quema 2 500 calorías al día se mantendrá en su peso. Un cuerpo que consume 2 500 calorías al día pero quema solamente 2 000 ganará peso a razón de medio kilo a la semana.

¿Cómo puedes quemar calorías si estás engordando? Aquí tienes algunos consejos:
• Come poco y con frecuencia.
• Toma comida especiada. Las especias, sobre todo el chile, pueden elevar el índice metabólico un máximo de un 50% hasta tres horas después de haber ingerido dicha comida.
• Bebe café, ¡pero con moderación! Las bebidas que contienen cafeína también estimulan el metabolismo, al igual que el té verde, que es mucho más sano.
• Haz ejercicio aeróbico. Algunos estudios han demostrado que un ejercicio continuo de gran intensidad hace que quememos calorías durante varias horas.

Tu PESO

¿Tienes problemas con tu peso? ¿Eres consciente de que comes más de lo que necesitas y de que no haces suficiente ejercicio? Si la respuesta es afirmativa debes tomar medidas. Tener sobrepeso supone riesgos de problemas serios, desde diabetes, a enfermedades cardiovasculares y asma, pasando por problemas de piel y articulaciones. Hace que te sientas cansado e incómodo, y ciertamente no mejora tu aspecto.

Si comes más de lo que necesitas, también estás adquiriendo malos hábitos para el futuro. Pero en tu mano está modificarlos. Si tomas el control ahora cambiarás tu aspecto, te sentirás mejor y pondrás las bases para el resto de tu vida.

¿Eres una «patata de sofá»?

¿Pasas más de dos horas al día viendo la tele o jugando con la consola? ¿Te gusta picotear snacks y golosinas mientras bebes refrescos? ¿Comes con frecuencia pasta precocinada o pizza frente a la televisión en lugar de sentarte a la mesa para consumir una comida equilibrada?

Si lo haces, eres un teleadicto o patata de sofá: niños que tienen un aspecto y salud poco sanos que normalmente presentan sobrepeso. E incluso si no tienes sobrepeso ahora, probablemente lo padecerás en un futuro, a menos que hagas algunos cambios ya.

Endomorfos

Tienen huesos grandes, cara redonda, tronco y muslos anchos y gran cantidad de grasa corporal, sobre todo en torno a la cintura. Se esfuerzan por controlar su peso, ya que tienen un metabolismo lento y no queman calorías con facilidad.

¿Cuál es tu tipo de cuerpo?

Mesomorfos

Tienen hombros anchos, cintura estrecha y músculos grandes por naturaleza. Queman calorías con facilidad debido al músculo fibroso de su cuerpo.

Ectomorfos

Son delgados y suelen tener la cintura, cadera y hombros estrechos. También tienen un índice de grasa corporal bajo. Se les suele considerar afortunados porque su aspecto fino y metabolismo ultrarrápido les permiten mantenerse delgados aunque coman mucho.

GRASA INFANTIL

Es bastante habitual que los niños y niñas que atraviesan la pubertad ganen un poco de peso. Este peso extra, llamado grasa infantil, desaparece más o menos en un par de años. No hay motivos para preocuparse y no debe afectar a tus hábitos alimentarios.

Si así fuera, estás cediendo a las presiones sociales y haciendo caso a las personas equivocadas. Las estadísticas muestran que menos de un tercio de los adolescentes rellenitos continúan siendo gorditos en su edad adulta, así que lo más probable es que pierdas esos kilos de más. Pero para estar seguro, presta atención a tu estilo de vida y comprueba que comes de forma sana y haces ejercicio suficiente.

Cambios sanos

Si «rellenito» se acerca más a «gordo» o incluso «obeso», lo más importante es cambiar tus hábitos. Esto puede resultar difícil al principio, pero cuanto más tiempo lo hagas, más fácil será. Tu cuerpo se adapta muy deprisa a la cantidad de comida que ingiere y, lo que es más importante, al tipo de comida que eliges. Así pues, empieza haciendo cambios básicos en tus hábitos alimentarios. Intenta hacer comidas equilibradas y regulares, y beber agua en lugar de refrescos. Sustituye los postres que engordan por fruta fresca y cambia los tentempiés no saludables por opciones sanas como zanahorias, frutos secos y fruta.

¡Alerta dietética!

Vayas donde vayas, verás anuncios y artículos diciéndote por qué necesitas perder peso y cómo hacerlo. Pero si estás creciendo, puede ser muy peligroso hacer una dieta que recorte tus alimentos esenciales. La forma más segura y eficaz de perder peso es abstenerte de la comida basura, una dieta sana y equilibrada y practicar ejercicio con regularidad. Si tu sobrepeso es importante el médico te señalará cómo regularizarlo.

TRASTORNOS ALIMENTARIOS

Cada vez más adolescentes –especialmente chicas– padecen trastornos alimentarios. Con frecuencia empiezan cuando una chica decide ponerse a dieta y, con el tiempo, es incapaz de controlarla.

Anorexia nerviosa

El trastorno alimentario más común es la anorexia nerviosa. Los anoréxicos creen que tienen sobrepeso, incluso cuando están peligrosamente delgados. Comen muy poco y hacen muchísimo ejercicio, intentando adelgazar más y más.

Bulimia

Otro trastorno alimentario común es la bulimia. Consiste en ingerir grandes cantidades de comida para expulsarla posteriormente, bien provocándose el vómito o por medio de laxantes.

La anorexia y la bulimia son problemas graves que requieren tratamiento psiquiátrico.

Comida RÁPIDA

¿Eres un adicto a la comida rápida? ¿Prefieres tomar una hamburguesa, pedir comida por teléfono o calentar un plato precocinado a prepararlo tu mismo? Si la respuesta es afirmativa, no eres el único. Pero merece la pena echar un vistazo a lo que comes si lo haces a toda velocidad.

Las comidas rápidas suelen tener un alto contenido de grasa, sal y azúcar, y en cambio poca fibra y vitaminas. Además, casi ninguna está a la altura, ni en sabor ni en calidad, de un plato preparado en casa.

Comida para llevar

Hoy es posible comprar una gran variedad de platos y tentempiés para llevar. Algunos pueden ser muy sanos. Por ejemplo, un sándwich vegetal con atún en pan integral es un excelente almuerzo cuando estás fuera de casa. Sin embargo, hay también opciones menos sanas, como pollo frito o hamburguesas y patatas fritas gigantes.

Máquinas dispensadoras

¿Has visto alguna máquina dispensadora que venda alimentos sanos y frescos? ¡Seguro que no! Si quieres tentempiés con un alto contenido en sal, azúcar y grasa, la máquina dispensadora es el lugar ideal. ¡Evítalo!

¿Qué hay en una comida precocinada?

Los platos precocinados congelados, como lasañas y pasteles de carne, pueden parecer muy sabrosos en la foto del envoltorio, pero suelen tener un alto contenido de grasas saturadas, azúcar y sal. Y contienen muy poca fibra y vitaminas en comparación con una versión casera del mismo plato. Incluso los paquetes etiquetados como «sanos» o «ligeros» suelen contener una gran cantidad de sal, que puede provocar una subida de la tensión y enfermedades cardiovasculares.

Cuidado con los aditivos

Muchos platos preparados contienen aditivos químicos para mantenerlos frescos y aportar color, sabor o textura. Estos aditivos suelen llevar la letra E. Si ves un producto con una lista larga de números E, déjalo. Aunque la mayoría de los aditivos son inofensivos en pequeñas cantidades, nadie sabe con exactitud el efecto que todas estas sustancias químicas tendrán en tu cuerpo a largo plazo.

Números E

Unos cuantos números E pueden provocar reacciones alérgicas. En concreto, el aditivo E 102, también conocido como tartracina, se ha relacionado con la hiperactividad. La tartracina suele estar presente en jugos y refrescos.

HAMBURGUESERÍAS

Las hamburgueserías ofrecen comidas instantáneas cómodas y baratas. Por eso no resulta sorprendente que sean la opción más popular de comida rápida. Pero las hamburguesas y patatas fritas contienen un montón de grasa, sal y azúcar.
Si vas a una hamburguesería con tus amigos, sigue las pautas inferiores. Te ayudarán a evitar los ingredientes perjudiciales y a tomar una comida razonablemente equilibrada.

• Pide una hamburguesa pequeña y básica en lugar de una gigante con todos los complementos.
• Di no a la mayonesa y al queso fundido.
• Pide una fruta exprimida en lugar de un batido o un refresco.
• Pide una ensalada para añadir fibra y vitaminas a tu comida.
• Sáltate las patatas fritas, o al menos elige el tamaño más pequeño.
• No te sientas obligado a comer más de lo que necesitas. ¡Las porciones suelen ser enormes!

¿Qué hay de cena?

Esta familia de EE UU lleva una típica dieta norteamericana compuesta de alimentos procesados ricos en grasa, azúcar, carbohidratos y aditivos. Los refrescos y pasteles ocupan los dos primeros puestos de los 10 alimentos que aportan más calorías a la dieta norteamericana. Solo los refrescos aportaron el 7,1% de las calorías totales en la población de EE UU. Comidas como las hamburguesas, pizzas y patatas fritas completan la lista.

Los norteamericanos compran la comida en los supermercados. Raras veces cultivan sus propios alimentos y solo un pequeño porcentaje compra alimentos frescos en el mercado. De hecho, comen muy poca comida fresca. Los tentempiés y refrescos azucarados priman sobre opciones más sanas, como verduras y fruta. Muchas comidas constan de comida rápida precocinada o alimentos que requieren freírse en grasa.

POR SI NO LO SABÍAS

¡BIEN CONSERVADO! Los empleados de funerarias afirman que los cuerpos humanos no se deterioran tan deprisa como antes. El motivo es que nuestra dieta moderna contiene muchos conservantes y estos evitan que el cuerpo se descomponga tan rápidamente.

PIZZAS: ¿BUENAS O MALAS?

Las pizzas contienen muchos ingredientes sanos, pero las pizzas congeladas o para llevar suelen tener exceso de grasa y de sal. Si la pizza está cubierta de queso azul, salami, pepperoni o jamón, el nivel de grasa aumenta y la sal puede duplicarse.

Si te gustan las pizzas, ¿por qué no las haces en casa? Puedes preparar la base desde cero, amasando, o comprar bases para pizza en un supermercado. Cubre la base con una capa de tomates picados mezclados con salsa de tomate. Añade ingredientes que te gusten, como cebolla, pimientos y champiñones. Espolvoréala con queso rallado y métela en el horno.

ALERGIAS
alimentarias

¿Conoces a alguien que sea alérgico a determinados alimentos? O quizá tú mismo. Las alergias alimentarias ocurren cuando el cuerpo reacciona mal ante un alimento concreto. Las reacciones alérgicas pueden adoptar diversas formas.

¿Qué es una alergia?

Es una reacción anormal a algo que es inofensivo para la mayoría de los humanos. Si eres alérgico a algo, significa que tu sistema inmune cree que esa sustancia te hará daño. Para proteger el cuerpo, nuestro sistema inmune produce anticuerpos para neutralizar los alérgenos; el nombre que reciben las sustancias que provocan una reacción alérgica. A continuación, los anticuerpos liberan al torrente sanguíneo una sustancia llamada histamina, que calma la zona donde se experimenta la reacción, con frecuencia los ojos o la nariz.

Los síntomas

Una alergia alimentaria puede manifestarse en la piel en forma de eczema o erupción. Puede afectar al estómago, provocando dolor de barriga, vómitos, diarrea o hinchazón. O puede causar problemas respiratorios como asma, estornudos o moqueo.

Otras reacciones frecuentes son dolores de cabeza y migrañas, cansancio, flatulencia y palpitaciones (latidos rápidos). Algunas resultan solo incómodas, pero otras son bastante graves. En casos extremos pueden provocar la muerte.

¡Cáscaras!

Muchos jóvenes son alérgicos a los frutos secos. La alergia a los cacahuetes, por ejemplo, provoca síntomas más graves que ninguna otra alergia alimentaria. Más del 70% de todas las reacciones constatadas fueron causadas por cacahuetes, judías de soja, nueces o almendras.

SHOCK ANAFILÁCTICO

Shock anafiláctico es el nombre que recibe una reacción alérgica que es tan grave que puede poner en peligro la vida. Segundos después de que la persona alérgica ha entrado en contacto con un determinado alimento su cuerpo reacciona de forma dramática. Su garganta y lengua pueden inflamarse impidiendo la respiración; a veces sufren erupciones o vómitos. Las personas que padecen reacciones alérgicas extremas suelen llevar encima su tratamiento de urgencia. Tienen mucho cuidado para evitar incluso vestigios del alimento al que son alérgicas. Las causas más comunes son los cacahuetes y el marisco.

¿Cuál es la causa?

En ocasiones se tarda un tiempo en descubrir qué provoca una reacción alérgica, pero ciertos alimentos originan más alergias. Los alimentos «desencadenantes» más comunes son: frutos secos, especialmente cacahuetes, marisco, huevos, leche y gluten (presente en el trigo, el pescado y la soja).

Normalmente podemos averiguar la causa de una reacción alérgica por un proceso de eliminación. Esto implica retirar ciertos alimentos de la dieta para comprobar si los síntomas desaparecen. Los médicos pueden llevar a cabo pruebas de tests de alergias alimentarias. También pueden ofrecer consejos útiles sobre cómo vivir con tu alergia.

Los tests de alergia consisten en aplicar trazas de alérgenos conocidos sobre la piel bajo unos discos especiales para luego valorar lo que ha ocurrido después de 48 horas.

INTOLERANCIA ALIMENTARIA

Algunos expertos en salud utilizan el término «intolerancia alimentaria» para describir diversas reacciones a los alimentos. La «intolerancia alimentaria» ocurre cuando tu cuerpo tiene problemas digiriendo un alimento, como la leche, y presentas síntomas como dolor de vientre, hinchazón y diarrea.

Vivir con alergias

Si sufres alguna alergia alimentaria deberás evitar los alimentos que la provocan. Esto puede ser más difícil de lo que parece porque muchos alimentos contienen ingredientes ocultos. Los huevos, el gluten y la soja están presentes en muchos platos, sobre todo en comida envasada. Acostúmbrate a leer las etiquetas de los envases y latas con atención para averiguar qué contienen.

También deberás tener cuidado cuando comas fuera. Avisa a tus amigos con antelación sobre tus alergias para que no te sirvan algo que no puedas comer. Y si estás en un restaurante, pregunta los ingredientes de cada plato antes de pedirlo. Tal vez te dé vergüenza la primera vez, pero es mejor estar seguro. La gente no será feliz si su comida te hace enfermar.

Encontrar alternativas

Algunas alergias alimentarias pueden impedir que ingieras alimentos importantes, pero con la ayuda de los profesionales y un poco de planificación, obtendrás todos los nutrientes que necesitas. Si no puedes tomar productos lácteos, acumula calcio bebiendo leche de soja enriquecida con calcio y jugos de fruta y tomando alimentos ricos en calcio como salmón enlatado, espinacas frescas y brócoli.

Si tienes intolerancia al gluten, puedes tomar tortitas de arroz en lugar de pan y sustituir la harina de trigo por harina de maíz o patata. Sin embargo, tal vez no obtengas suficiente vitamina B y otros minerales de tu dieta. Procura consumir mucha fruta y verdura de hoja verde, así como legumbres, carne, aves y pescado en abundancia.

Comer en un restaurante puede ser difícil cuando eres alérgico.

ALIMENTOS para estar en forma

Si tomas los alimentos correctos, pueden ayudarte a estar sano y en forma, ahora y en el futuro. Los estudios han demostrado que algunos alimentos juegan un papel importante para protegerte de las enfermedades. Así pues, si los eliges y evitas los alimentos perjudiciales, tu salud experimentará una mejora neta.

Poder vegetal

A lo largo de los últimos 20 años, en diversos estudios aparecen dietas con alto contenido de frutas y verduras. Estos estudios demuestran que las personas que toman fruta y verdura en abundancia presentan menor tasa de trastornos, entre ellos enfermedades cardiovasculares, diabetes y determinados tipos de cáncer.

Las frutas y las verduras contienen antioxidantes que luchan contra las sustancias químicas peligrosas causantes de enfermedades. Para mantener elevados los niveles de antioxidantes, debes tomar fruta y verdura cada día.

«Superalimentos»

Algunos alimentos son más que buenos para ti: ¡son superalimentos! Los expertos en nutrición afirman que todos los alimentos enumerados más abajo son excelentes para la salud. Echa un vistazo a la lista y piensa en cuántos superalimentos comes ya. Si tomas muchos, ¡enhorabuena! ¡Sigue así! Y si no, ¿por qué no empiezas a consumirlos?

Brócoli.
Avena: Tómala en forma de muesli o tortitas.
Naranjas.
Tomates.
Pescado graso: salmón, atún, caballa, sardinas. Cómpralo fresco o enlatado.
Yogur bajo en grasa.
Alubias: de soja, blancas, pintas o de cualquier otro tipo. Déjalas a remojo durante la noche o cómpralas enlatadas.

Pimientos.
Frutos secos: nueces y almendras. Especialmente buenos para ti.
Arándanos.
Pipas de calabaza. Añádelas a ensaladas y cereales, o tómalas como tentempié.

PODER VEGETAL

GRANADAS PODEROSAS

Recientemente muchas personas se han dado cuenta del poder de las granadas. Esta fruta redonda y de piel correosa está llena de pequeñas semillas repletas de vitaminas A, C y E, además de hierro. Los expertos afirman también que beber zumo de granada favorece la circulación y reduce mucho la probabilidad de sufrir enfermedades cardiovasculares.

CINCO AL DÍA

Los expertos en salud recomiendan consumir cinco raciones de fruta o verduras al día. Elige una gran variedad de distintos tipos y colores: las frutas y verduras verdes, rojas y amarillas contienen diferentes nutrientes. Algunas de las frutas y verduras que tomes a diario pueden estar cocinadas, pero la mayoría deben consumirse crudas.

He aquí algunas raciones típicas de fruta y verdura:
• 1 fruta mediana, como una manzana o un plátano
• cucharadas colmadas de guisantes (chícharros) o alubias
• 1 vaso de jugo de naranja
• 1 tazón de ensalada
• 1 batido hecho con leche fresca y cualquier fruta

¡Alimentos rojos al rescate!

Se cree que el pigmento que aporta su color a los alimentos rojos o rosas, el licopeno, es anticancerígeno. Se trata de un antioxidante capaz de neutralizar determinadas moléculas del cuerpo. El licopeno puede encontrarse en alimentos como tomates, pomelo rosa, guayaba, sandía y albaricoques.

Tu salud futura

Las investigaciones han demostrado que consumiendo determinados alimentos podemos reducir los riesgos de contraer determinadas enfermedades peligrosas, como el cáncer.

He aquí una lista de algunos de los alimentos que pueden ayudar:
Romero: reduce el riesgo de cáncer de piel.
Perejil y albahaca: reducen el riesgo de cáncer de pulmón.
Brócoli: ayuda a combatir el cáncer de mama.
Espinacas: ricas en vitaminas C, E y calcio, del que se cree que es anticancerígeno.
Uvas: previenen las enfermedades cardiovasculares y el cáncer.
Fresas: reducen los niveles de colesterol y el riesgo de tensión alta.
Tapioca: se cree que reduce el riesgo de cáncer.
Té verde: las investigaciones demuestran que reduce el riesgo de cáncer.

EL AJO ES BUENO

El ajo tiene fama de ser un condimento oloroso, pero es muy bueno y puede ayudar a que la sangre sea más fluida. Esto significa que la sangre circula con más facilidad y ayudará a prevenir coágulos y enfermedades como las hemorroides. El ajo es un auténtico superalimento y puede ayudar incluso a reducir la acidez de la sangre.

¡APÚNTATE AL JENGIBRE!

El jengibre no solo tiene un gran sabor, sino que también es bueno para ti. Mejora la circulación y la digestión relajando los músculos del estómago. También mata gérmenes, como la salmonela, que causan intoxicaciones. Así pues, añade jengibre a tus platos o bebe una taza de té de jengibre de vez en cuando.

COMPRAR comida

¿Participas en la compra de tu familia? ¿Alguna vez vas solo al supermercado? La compra puede ser muy divertida, pero también puede ser confusa. Te ofrecemos algunas pautas para tomar decisiones sanas cuando vayas a comprar alimentos.

Estás un poco marchita, ¿no?

Comprueba la etiqueta

Muchos alimentos son procesados; es decir, que no están en su estado natural, sino enlatados, congelados, desecados o embotellados. También pueden haber sido cocinados o modificados de alguna otra forma. A veces añaden nuevos ingredientes.

Si vas a comprar alimentos procesados, conviene leer primero la etiqueta. Así averiguarás si te dan más de lo que creías. Muchos alimentos procesados contienen grasa, sal y azúcar añadidos. Otras veces contienen aditivos nada deseables. Aprende el significado de las etiquetas e intenta evitar los alimentos que contengan aromatizantes, colorantes y conservantes artificiales.

¿Mejor fresco?

No hay duda, los alimentos frescos son lo mejor. El pan recién horneado, las verduras recién sacadas de la tierra y la fruta recién recogida contienen más nutrientes que ninguna de las variedades envasadas, congeladas o enlatadas. ¡Y están buenísimos!

Por desgracia, no siempre es posible comprar alimentos realmente frescos, pero hay buenas alternativas. Si tienes que elegir entre verduras marchitas y amarillentas y espinacas congeladas, es mejor optar por la variedad congelada. Las verduras congeladas son procesadas inmediatamente después de ser recogidas, por lo que son casi tan buenas como las frescas. Los frutos secos, como orejones de melocotón (chabacano) o pasas, no tienen tantas vitaminas como la fruta fresca, pero siguen siendo una opción sana. Y si no tienes un proveedor fiable de pescado fresco, el pescado enlatado es una alternativa excelente.

¿Qué hay de cena?

Hoy hay en China una abundante y variada alimentación que no había hace apenas unos años. Pero aunque los chinos cada vez están más influenciados por la comida occidental, las antiguas costumbres persisten. Continúan teniendo una de las dietas más sanas del mundo: una dieta vegetal sencilla.

Se come mejor que en muchos países occidentales. Ingieren, por ejemplo, tres veces más fibra alimentaria, más vitamina C y absorben más minerales de su comida que los americanos. El resultado es que solo una persona de cada 100 en China padece enfermedades coronarias, en comparación con 50 de cada 100 en EE UU; y el cáncer es raro.

ELEGIR, ELEGIR...

La próxima vez que vayas al supermercado, ¿qué tal si eliges estas alternativas sanas?

• Pan integral recién horneado en lugar de pan envasado, que contiene conservantes artificiales.

• Pasta y arroz integrales en lugar de las variedades refinadas, a las que se les ha retirado casi toda la fibra y otros nutrientes.

• Carne magra sin procesar, como pechugas de pollo o pavo, en lugar de hamburguesas o salchichas, que contienen niveles elevados de sal y grasas saturadas.

• Leche semidesnatada y yogur bajo en grasa en lugar de las variedades ricas en grasa.

• Zumo de fruta fresco en lugar de envasado (la mayoría de los zumos que están envasados contienen muchos aditivos además de azúcar u otros endulzantes).

• Barritas de cereal en lugar de galletas o bollos.

• Fruta y verduras cultivados en la zona en lugar de variedades importadas del extranjero (la fruta y verdura importadas pueden parecer frescas, pero en ocasiones han permanecido refrigeradas durante semanas).

¿Qué hay de cena?

Esta familia de Egipto disfruta de una dieta sana y equilibrada compuesta principalmente por alimentos frescos. En los países calurosos, la comida no se conserva durante mucho tiempo, por lo que se cultiva a nivel local y parte de la rutina de la compra consiste en ir al mercado y adquirir la comida fresca para cada día. Casi toda la comida se prepara en casa, donde se pica o machaca y se añaden especias para aportar sabor. El pan se hornea a diario y con frecuencia no lleva sal. El arroz y otros granos son la principal fuente de carbohidratos. La dieta de la familia incluye muy pocos alimentos procesados y los postres y dulces suelen llevar como ingrediente principal la miel en lugar de azúcar refinado.

¿Y los alimentos orgánicos?

Los alimentos orgánicos se cultivan usando muy pocos pesticidas.

Los agricultores orgánicos siguen estándares de producción muy estrictos. La fruta y verduras orgánicas no se tratan con sustancias químicas, mientras que la carne, huevos y productos lácteos orgánicos proceden de animales a los que no se ha administrado fármacos para que crezcan más deprisa.

Si tomas alimentos orgánicos, estarás aportando menos sustancias químicas a tu cuerpo. Pero el inconveniente es que los alimentos orgánicos no son baratos, por lo que no todo el mundo puede permitírselos.

Almacenar y cocinar COMIDA

Cuando regresas a casa con los alimentos, ¿qué haces después? La forma en que almacenas y cocinas la comida puede suponer una gran diferencia en su sabor y en lo buena que es para ti.

Normas para almacenar

Hoy disponemos de neveras para conservar fresca la comida. Pero eso no significa que los alimentos no puedan contaminarse y desarrollar bacterias peligrosas. Es muy importante seguir unas reglas básicas para asegurarse de que la comida de la nevera es segura.

No pongas cosas calientes en la nevera: harán subir la temperatura e impedirán que haga su trabajo. Espera hasta que se hayan enfriado. También conviene no dejar latas medio llenas de comida en la nevera: cuando está abierto y expuesto al aire, el metal puede penetrar en los alimentos y contaminarlos.

Guarda la carne o el pescado crudos en un compartimento independiente, lejos de los otros alimentos: los alimentos cocinados pueden contaminarse si están en contacto con carne o pescado frescos. Envuelve o cubre la comida antes de meterla en la nevera y consúmela en los dos días siguientes. Nunca reutilices envoltorios para distintos alimentos.

Fecha de caducidad

En muchos países, la ley establece que los fabricantes de comida deben etiquetar sus alimentos indicando su frescura. Los envases y latas llevan indicada la fecha de caducidad: la fecha hasta la que un producto puede ser consumido o, de lo contrario, retirado de la venta. La etiqueta suele indicar la fecha preferente de consumo, sobre todo cuando se ha abierto el envase.

Aunque existe un margen amplio –no tienes que preocuparte por un día antes o después–, ten en cuenta la etiqueta. Significa que las tiendas venden productos baratos el mismo día de la fecha de caducidad, así pues, si te fijas bien, puedes aplicar esta regla para encontrar algunas gangas.

Un paño de cocina húmedo puede acoger hasta 30 trillones de bacterias: así de rápido se multiplican.

Formas sanas de cocinar

¿Usas siempre la sartén cuando vas a cocinar? ¿Usas mucha grasa y sal cuando cocinas? Si la respuesta es afirmativa, no te estás haciendo ningún favor. La sal y grasas saturadas son la causa de muchos problemas sanitarios y pueden provocar enfermedades cardiovasculares y cáncer. Cocinar con mucha grasa hace que la comida esté grasienta y sea difícil de digerir. Es mala para tu piel y te hará engordar.

La buena noticia es que es fácil variar la forma en que cocinas. Unos pequeños cambios pueden ayudarte a conservar los nutrientes de tu comida y potenciar al máximo su sabor y textura natural.

CONSEJOS DE SEGURIDAD

• **Lávate siempre las manos antes de cocinar.**
• **Usa tablas distintas para cortar los alimentos crudos y cocinados.**
• **Mantén a las mascotas alejadas de la comida.**
• **Guarda la comida en la nevera. Procura que los alimentos congelados se hayan descongelado bien. La carne, el pollo y el pescado no deben dejarse mucho tiempo fuera de la nevera.**
• **Cocina bien el pollo, el cerdo y el pescado. La salmonela es un tipo de bacteria presente en estos alimentos, así como en los huevos y la leche sin procesar.**

USA MENOS SAL

Todos tenemos demasiada sal en la dieta, así que no deberíamos añadir más cuando cocinamos. En lugar de sal, prueba a añadir hierbas frescas y especias a tus platos, o tal vez unas gotas de lima o limón.
Después de un tiempo te acostumbrarás a los sabores más ligeros y frescos de las hierbas, y no querrás regresar a la comida con sal.

¡Sin grasa!

En lugar de freír beicon o panceta y otros alimentos, prueba a asarlos. Así no acabarán nadando en grasa. El asado funciona especialmente bien con trozos de pescado gruesos, como las rodajas de salmón. Una buena forma de evitar usar demasiada grasa es invertir en una plancha. Puedes usarla para asar carne, pollo o pescado. Cocina con aceites sanos, como el de oliva, y usa sartenes antiadherentes siempre que sea posible para reducir la necesidad de añadir más grasa.

¡Al vapor!

Cuando cocines verduras usa una vaporera, o cazuela para cocinar al vapor, en lugar de cocerlos en agua. Las verduras al vapor conservan su color, textura y sabor, y no pierden la mayor parte de las vitaminas y minerales en el agua. Otra excelente forma de cocinarlas es en el microondas o salteadas. Las verduras cocinadas en un recipiente tapado en el microondas conservan muy bien los nutrientes. Si te gustan los sofritos, puedes usar un wok antiadherente para freír verduras de forma que se mantengan crujientes y conserven su sabor.

Generación CULINARIA

Eres joven, lo que supuestamente significa que eres flexible y estás abierto a nuevas ideas. Si esto te suena, entonces estarás dispuesto a probar comida de todo el mundo, desde ancas de rana hasta saltamontes bañados en chocolate. Degustar platos «extranjeros» es cada vez más posible y más barato a medida que la gente viaja y lleva nuevos sabores de una región a otra.

Tus papilas gustativas

Los científicos creen que heredamos el gusto por los alimentos ricos en proteínas como la carne o el pescado, mientras que el gusto por las verduras y postres se habría visto influido por la comida con la que creciste. Al mismo tiempo, las nuevas investigaciones sugieren que la preferencia por los alimentos amargos, como las verduras, está controlada por los genes. Así que cuando te acusen de ser un «maniático», puedes decir que no es culpa tuya.

Si estuviste atento en las clases de biología, recordarás haber visto un mapa de la lengua. Mostraba que los diferentes sabores se detectan en distintas partes de la lengua: dulce en la punta, luego salado, después ácido y amargo en la parte de atrás. La superficie de la lengua está cubierta de pequeños bultitos que encierran las papilas gustativas. Cuando algo sabroso entra en la boca, las sustancias químicas de la comida se disuelven en tu saliva. Estas moléculas envían señales químicas y eléctricas al cerebro informando de que algo dulce o amargo, ácido o salado entra en el sistema digestivo.

¡Huélelo!

Si te tapas la nariz, una manzana y una cebolla saben igual, por lo que el sentido del olfato es muy importante a la hora de decidir lo que comes. De camino a la boca, la comida desprende aromas que penetran en la nariz. Cuando empiezas a masticar, estos gases alcanzan la membrana del «olor», una diminuta almohadilla de tejido situada en la parte posterior de la nariz. Una vez más, millones de células nerviosas comienzan a enviar mensajes al cerebro sobre la comida.

¡Sabe bien!

Decidir qué sabe «bien» no es nada sencillo. El sabor de un alimento no depende de un solo sentido, sino que olfato, tacto, vista, e incluso oído, entran en juego, y los mejores métodos de estimularlos durante una comida ocupa los cerebros de miles de cocineros, cerveceros, empresas de marketing y científicos de todo el mundo.

¡Sé audaz! Busca la sección de especias y salsas en el supermercado, compra fruta y verduras desconocidas, hazte con libros de recetas y aprende cómo otros compran y preparan la comida. Tus papilas gusta-

tivas están acostumbradas a los sabores de siempre, pero pueden adaptarse a nuevas experiencias.

Enseña a tu familia

¡Toma la iniciativa! Si tu familia es de las que se atiborra a comida rápida porque tus padres están demasiado ocupados para cocinar después de un largo día de trabajo, comienza una nueva rutina. Podrías cocinar una vez a la semana. Acuerda un presupuesto semanal para que compres los ingredientes y prepares el plato que elijas. No copies lo que cocinan tu madre o tu padre, experimenta con sabores nuevos. Los jóvenes cocineros son la última moda. Hay concursos nacionales en los que participan jóvenes y niños hasta de 9 y 10 años, que preparan una comida completa de tres platos, por lo que un solo plato está al alcance de tu mano.

Aplica los consejos que has leído en este libro y crea un plato con un contenido equilibrado y una buena variedad de nutrientes. Añade sabores como ajo y jengibre, que mejorarán tu salud. Procura seguir las instrucciones de la receta, sobre todo las relativas a la preparación de los alimentos y el tiempo de cocinado. Recibirás además la gratitud y los parabienes de tu familia.

TRANSFORMA LAS COMIDAS

Cada vez empleamos menos tiempo para comer. Tomamos un tentempié siempre que tenemos hambre y lo engullimos a toda prisa. Pero si esta situación describe tus hábitos alimentarios, te estás perdiendo una de los mejores momentos del día, las comidas en común.

La hora de la comida es un gran momento para reunir a la familia en torno a la mesa para hacer algo con lo que todos disfrutan: comer. No es un momento para ver la tele o discutir. De hecho, charlar es el principal ingrediente, por lo que la conversación puede ser amena y agradable. Pon la mesa con salvamanteles y servilletas limpios y frescos, y reduce las distracciones al mínimo.

Incluso si solo es una comida o cena a la semana, transfórmala en una ocasión especial. Si eres el que va a cocinar, insiste en que todo el mundo se siente a la mesa, ¡o no le servirás!

Y sobre todo, recuerda que sea cual sea tu forma y tamaño, ¡eres lo que comes!

Índice alfabético

COLINABO 6
Verdura similar al nabo, rica en carbohidratos y vitamina C.

COLON 12, 16, 22
La parte más ancha del intestino. Las paredes del colon absorben agua y sales de los alimentos digeridos.

COMIDA BASURA 31
Comida que no constituye una dieta equilibrada.

COMIDA RÁPIDA 5, 15, 30, 32, 33, 43
Comida preparada y servida deprisa.

CONSERVANTE 23, 33, 38, 39
Ingrediente utilizado en los alimentos para mantenerlos frescos.

DEFICIENCIA 13, 18, 20
Carencia de algo.

DEPÓSITO GRASO 15
Grasas adheridas al interior de las arterias.

DEPRESIÓN 11, 13
Trastorno mental; las personas que lo padecen se sienten tristes o desesperadas.

DESHIDRATACIÓN 22
El cuerpo pierde demasiada agua. La diarrea y vómitos severos causan deshidratación.

DIABETES 11, 15, 16, 30, 36
Causada por la carencia de una hormona esencial, llamada insulina, que descompone el azúcar de la sangre.

DIARREA 34, 35
Evacuación frecuente y excesiva de los intestinos.

DIETA 5, 6, 7, 8, 9, 10, 13, 14, 15, 16, 17, 18, 20, 24, 26, 27, 30, 31, 33, 35, 36, 38, 39, 41
La comida y bebida que consumes.

DIETA EQUILIBRADA 5, 24
Dieta que contiene cantidades adecuadas de todos los nutrientes necesarios para un crecimiento sano.

DIGESTIÓN 16, 19, 28, 37,
Lo que ocurre a los alimentos mientras se descomponen y viajan a través del sistema digestivo.

ECTOMORFO 30
Alguien con un porcentaje de grasa corporal bajo y un metabolismo muy rápido.

ECZEMA 34
Inflamación de la piel. Puede aparecer en la piel en forma de manchas rojas y produce picor y dolor.

EMULSIÓN 23
Suspensión de un líquido en otro, como grasa en leche.

ENDOMORFO 30
Alguien con un porcentaje elevado de grasa corporal y un metabolismo muy lento.

ENERGÍA 5, 6, 7, 8, 9, 10, 11, 14, 16, 20, 23, 24, 28, 29
Las personas queman energía como combustible mientras viven. Los alimentos tienen un valor energético que se mide en calorías.

ENFERMEDAD 6, 7, 9, 11, 12, 14, 15, 16, 18, 30, 32, 36, 37, 38, 41
Dolencia del cuerpo o de la mente.

ENFERMEDAD CARDIOVASCULAR 9, 12, 30, 32, 36, 37, 41
Cualquier trastorno que afecta al corazón.

ENZIMA 17
Sustancia química fabricada por el cuerpo. Por ejemplo, las enzimas forman parte de los jugos digestivos del estómago que ayudan a descomponer los alimentos.

ERUPCIÓN 34
Reacción o infección cutánea que puede estar causada por una alergia.

ESCORBUTO 18
Enfermedad causada por la falta de vitamina C en la dieta.

ESÓFAGO 17
Conducto que conecta el dorso de la laringe, parte de la garganta, con el estómago. La comida y bebida descienden por el esófago empujados por músculos.

ESTIMULANTE 23
Sustancia o fármaco que aumenta temporalmente la función de una parte u órgano corporal.

ESTREÑIMIENTO 12, 16, 17, 22
Dificultad para expulsar las heces a través del ano.

FIBRA 8, 9, 10, 12, 16, 17, 24, 32, 33, 38, 39
Capa de finas hebras que forman las paredes celulares de las plantas. Verduras, frutas, legumbres y cereales contienen fibras.

FIBRA INSOLUBLE 16
Fibra que no se disuelve al atravesar el cuerpo.

FIBRA SOLUBLE 16
Fibra que se absorbe en el sistema digestivo.

FLÚOR 20
Sustancia química que se encuentra de forma natural en la tierra y el agua. Ayuda en la formación de los huesos y dientes.

FÓSFORO 20
Mineral vital para la producción de energía, formación de los huesos y de nuevas células.

GLÓBULO ROJO 20
Células sanguíneas que llevan oxígeno de los pulmones a los tejidos.

Eres lo que comes

GRASA 5, 6, 7, 8, 9, 10, 12, 14, 15, 17, 20, 24, 25, 26, 30, 31, 32, 33, 36, 38, 39, 41
Tipo de alimento que da energía al cuerpo. Se encuentra en la mantequilla, la nata y el aceite, y también en comidas grasas y pescado oleico.

GRASAS NO SATURADAS 14, 26
Se encuentran en aceites vegetales y en el pescado oleico.

GRASAS SATURADAS 14, 41
Proceden de alimentos animales, como carne roja, leche, queso, nata y helado.

HIERRO 19, 20, 21, 26, 27, 36
Elemento del grupo de los metales que el cuerpo necesita para mantenerse sano. Se encuentra en alimentos como huevos, lentejas y carne magra, sobre todo el hígado.

HIPERACTIVIDAD 32
Ocurre cuando una persona tiene una conducta excesivamente activa.

HISTAMINA 34
Sustancia química liberada por el cuerpo en el torrente sanguíneo para resolver las reacciones alérgicas.

ICTUS 14
Enfermedad que ocurre cuando el suministro sanguíneo no llega a parte del cerebro.

ÍNDICE METABÓLICO BASAL (IMB) 28
Tasa a la que el cuerpo quema las calorías para mantener las funciones corporales en reposo.

INFECCIÓN 19, 21
Enfermedad causada por gérmenes que penetran en el cuerpo.

INTESTINO DELGADO 17
Parte del sistema digestivo donde las enzimas ayudan a digerir los alimentos.

INTESTINO GRUESO 17
Unido al intestino delgado y discurre desde este hasta el ano.

INTOLERANCIA ALIMENTARIA 35
Reacciones adversas a los alimentos.

JUGO GÁSTRICO 17
Líquido ácido que el estómago fabrica para descomponer los alimentos.

LAXANTE 31
Fármaco u otra sustancia que favorece el movimiento intestinal.

LICOPENO 37
Pigmento que da color a algunos alimentos rojos o rosas.

MAGNESIO 20
Mineral utilizado por el cuerpo para ayudar a músculos, nervios y huesos.

MEMBRANA 19, 42
Tejido del interior del cuerpo.

MESOMORFO 30
Persona con un metabolismo rápido, o capacidad para quemar grasa, debido a su cantidad de músculo.

METABOLISMO 28, 29, 30
Trabajo realizado por el cuerpo por el que crece, sana, repara y sustituye tejido.

MIGRAÑA 34
Tipo de dolor de cabeza con una sensación tremendamente punzante.

MINERAL 8, 9, 10, 20, 22, 24, 27, 35, 38, 41
Una de muchas sustancias halladas en la tierra, el agua, la roca y el metal.

MOLÉCULA 23, 37, 42
La parte completa más pequeña de cualquier sustancia; contiene dos o más átomos unidos.

NÚMERO E 32
Los números E son aditivos químicos de los alimentos y bebidas, algunos de los cuales pueden causar alergias.

NUTRIENTE 6, 7, 8, 9, 10, 12, 24, 26, 35, 37, 38, 39, 41, 43
Sustancia de los alimentos. Necesitas nutrientes para crecer, obtener energía y estar sano.

OBESIDAD 31
Enfermedad en que el peso de una persona supera un 20% o más lo que debería ser.

ORGANISMO 18
Un ser vivo, como una bacteria.

ÓRGANO 18, 22
Parte del cuerpo. El hígado y el corazón son órganos.

OXÍGENO 20
Gas que los humanos necesitan para respirar y vivir.

PÁNCREAS 17
Glándula situada en el abdomen, que está unida al intestino delgado.

POTASIO 20
Mineral esencial necesario para regular el equilibrio de agua, los niveles de acidez y la presión sanguínea.

POTENCIADOR 23
Sustancia que aumenta la actividad química de un alimento.

PRESIÓN SANGUÍNEA 32, 37
Empuje de la sangre contra las paredes de las arterias.

PROTEÍNAS 5, 8, 9, 12, 13, 24, 26, 27, 42
Sustancias compuestas por aminoácidos, halladas en alimentos como carne, pescado, huevos y leche.

PUBERTAD 6, 12, 21, 31
Etapa del crecimiento en que un niño comienza a transformarse en adulto.

RAQUITISMO 19
Enfermedad que ocurre cuando los niños no toman suficiente vitamina D para que sus huesos crezcan adecuadamente.

RIÑÓN 22
Órgano par situado en la parte posterior del abdomen, que filtra la sangre y recoge los desechos líquidos en forma de orina.

SALIVA 17, 42
Fluido acuoso fabricado por glándulas cercanas a la boca. Se mezcla con la comida para que sea más fácil tragarla.

SALMONELA 37, 41
Bacteria que viaja hasta el intestino y provoca vómitos y diarrea.

SELENIO 20
Ayuda a reparar las células y protege los glóbulos rojos y las membranas celulares.

SHOCK ANAFILÁCTICO 34
Reacción alérgica a un alimento que es tan grave que puede poner en peligro la vida.

SISTEMA INMUNE 34
Conjunto de estructuras corporales que defienden al cuerpo frente a la enfermedad.

SISTEMA NERVIOSO 13, 19, 23
Entramado de células nerviosas llamadas neuronas, que envían información a todas las partes del cuerpo.

SULFURO 20
Elemento esencial para la vida que se encuentra en los aminoácidos.

TARTRACINA 32
Aditivo alimentario químico que puede causar hiperactividad en los niños.

TOXINA 16, 22
Veneno. Las toxinas se fabrican en las células de animales y plantas

TRACTO URINARIO 22
Formado por los órganos que participan en la producción y eliminación de orina (desecho líquido) del cuerpo.

TRASTORNO ALIMENTARIO 31
Alteración emocional que puede provocar ansia por la comida, comer demasiado o casi nada.

VEGANO 27
Quien sigue una dieta que evita todos los productos animales.

VEGETARIANO 7, 8, 13, 21, 26, 27
Quien lleva una dieta con una base vegetal y sin carne, aunque algunos vegetarianos comen pescado.

VITAMINAS 5, 8, 9, 10, 14, 18, 19, 24, 32, 33, 36, 37, 38, 41
Sustancias químicas beneficiosas de los alimentos.

YODO 20
Elemento residual necesario para que el cuerpo fabrique la hormona tiroidea.

ZINC 20
Mineral vital para muchas funciones corporales como: resistencia inmune, curación de heridas, digestión, crecimiento, gusto y olfato.

Direcciones útiles

http://guiajuvenil.com
www. savethechildren.es
www.adolescenciasema.org
www.adolescenciaytu.com
www.unicef.org/spanish/adolescence/index.html
www.injuve.migualdad.es